문학과지성 시인선 192

극에 달하다

김소연 시집

문학과지성사에서 펴낸 김소연의 시집

눈물이라는 뼈(2009)
수학자의 아침(2013)

문학과지성 시인선 192
극에 달하다

초판 1쇄 발행 1996년 12월 10일
초판 11쇄 발행 2023년 8월 21일

지 은 이   김소연
펴 낸 이   이광호
펴 낸 곳   ㈜문학과지성사
등록번호   제1993-000098호
주   소   04034 서울 마포구 잔다리로7길 18(서교동 377-20)
전   화   02)338-7224
팩   스   02)323-4180(편집) 02)338-7221(영업)
전자우편   moonji@moonji.com
홈페이지   www.moonji.com

ⓒ 김소연, 1996. Printed in Seoul, Korea

ISBN 89-320-0866-0 02810

이 책의 판권은 지은이와 ㈜문학과지성사에 있습니다.
양측의 서면 동의 없는 무단 전재 및 복제를 금합니다.

문학과지성 시인선 192

극에 달하다

김소연

1996

너무 짧은 생을 살다 간
나의 형제 김태윤에게 이 시집을 바칩니다.

自 序

  그 지독한 매혹으로
나를 혹사시켰던 세상.
  매혹된 자로서의 나는 거의 소진되었다.
뚜렷한 깨달음이 겨울처럼 냉정하게 내 앞에 버티고 있다. 환멸의 방식으로 거칠게 응답했던 세월들이 이제 뒤에 남는다.
  무섭고 외롭다.

  감사의 인사를 드린다. 따뜻한 詩友 함성호형과 유하형께, 딸이 생애의 전부이신 부모님께.

1996년 11월
김 소 연

극에 달하다

차 례

▨ 自 序

I. 병들어 행복합니까

버리고 돌아오다 / 11

1995년, 개인적인 봄 / 12

누구나 그렇다는 / 14

극에 달하다 / 15

바로 그때입니다 / 18

끝물 과일 사러 / 19

달디단 꿈 1 / 20

꿈속의 성취 / 22

학살의 일부 1 / 25

관 람 / 26

학살의 일부 12 / 28

나는 새로운가 / 30

학살의 일부 11 / 33

그러나, 거대함에 대하여 / 34

가지 않네, 모든 것들 / 36

幻身의 고백 / 39

음력 제13월 / 42

혁명, 개인적인 / 44

학살의 일부 7 / 46

우리는 찬양한다 / 48

바다를 보러 가야겠다 수많은 그를 수장하고 돌아선
바다 보러 가야겠다 내 눈물로 그 수위를 높였던 동해
바다에 가야겠다 먹장구름 삼키며 사나운 파도가 나를
삼키며 나는 세상을 삼키며 세월을 물 쓰듯 썼던 그 시
절들 보러 가야겠다 / 49

달디단 꿈 3 / 52

주문을 외다 2 / 55

병들어 행복합니까 / 56

손 / 60

존 경 / 62

주문을 외다 1 / 64

II. 학살의 일부

산 자들을 위한 기도 / 67

학살의 일부 9 / 68

대체 식량 / 70

즐거운 정신병원 / 72

내 인생의 외도 / 74

화성인의 술집 / 76

학살의 일부 10 / 78

학살의 일부 4 / 80

1937년생 / 82

가득한 길들 / 84

1984년 / 86

덜 굳은 길 / 88

행복하여 / 89

학살의 일부 6 / 90
달디단 꿈 2 / 92
미지근한 식사 / 94
낡은 혓바닥 / 96
학살의 일부 8 / 98
학살의 일부 5 / 100
벽 / 101
학살의 일부 3 / 102
학살의 일부 2 / 104
연　보 / 106
詩　人 / 108
편　지 / 110

▨ 해설 • 빈 중심, 정처 없는 바깥의 풍경 • 김진수 / 114

I. 병들어 행복합니까

버리고 돌아오다

  지루한 글이었다 진전 없는 반복, 한 사람의 생 읽어내느라 소모된 시간들, 나는 비로소 문장 속으로 스며서, 이 골목 저 골목을 흡흡, 냄새 맡고 때론 휘젓고 다니며, 만져보고 안아보았다, 지루했지만 살을 핥는 문장들, 군데군데 마지막이라 믿었던 시작들, 전부가 중간 없는 시작과 마지막의 고리 같았다, 길을 잃을 때까지 돌아다니도록 배려된 시간이, 너무 많았다, 자라나는 욕망을 죄는 압박붕대가 너무, 헐거웠다, 그러나 이상하다, 너를 버리고 돌아와 나는 쓰고 있다, 손이 쉽고 머리가 맑다, 첫 페이지를 열 때 예감했던 두꺼운 책에 대한 무거움들, 딱딱한 뒤표지를 덮고 나니 증발되고 있다, 숙면에서 깬 듯 육체가 개운하다, 이상하다, 내가 가벼울 수 있을까, 무겁고 질긴 문장들은 다, 어디로 갔을까

1995년, 개인적인 봄

세상에 대해 나는 당신들의 바깥에 있다.
개천가를 둘러싼
황색의 개나리들처럼. 또한 헐렁한 반지처럼
에워싸며. 살찌지 말거라, 중심이여.

오늘도 나는 외곽을 맴돌며
적적하였다. 楚歌도 흥얼거렸으므로.
당신들에게
들리지 않도록 아주 작게 불렀다.

변두리 시장에서
아기 거북이 아기 거북을 업고 가는 것을
봤다. 업힌 거북도
반쯤은 걸어야 했다.
펄펄 뛰는 미꾸라지들. 가장 큰 놈 한 마리는
죽었다. 늘씬하게 뻗어 아무렇게나 출렁이는,
그의
힘없는 全身. 작은 놈들이 마구마구 넘나든다.
좋은 풍경이다.

풀들은 다 같이 피어야 한다고
선동하지 않았다. 저 혼자
황폐한 이 대지에 여린 주먹을 짚고 힘껏
제 무릎을 편다. 각자가 그렇게
핀 것이다. 무더기무더기,

그런 봄나물을 사기 위해
좌판 앞에 머물렀다가
반지를 잃어버렸다. 그런 후에야
필요 이상으로 내가 야위어졌다는 것을
알아챘다. 그래도

사랑에 대해서만큼은 아직 당신들 안쪽에
있기로 했다. 가장 여린 배춧잎과 같아서 최후에야
식탁에 오르도록.

누구나 그렇다는

이불 가게를 지날 때 묻는다
새 이불을 덮듯 너를 찾으면 안 되냐
새 이불을 덮어 상쾌하듯
너를 덮으면 안 되냐
건널목에 서 있을 때 나는 묻는다
파란 불. 내 마음에 켜진 새파란 불빛과
길 건너의 오히려 낯익은 세계를 너는 반가워하느냐

수면을 취하는 동안만
나는 외롭다는 말을 하지 않았다

밝은 거리를 활보하는 사람들과 나란히
이 길을 걷는다
은행의 통장 정리기 앞에 서서
타르르르……, 명쾌히 찍혀나온 임금을 확인할 때
명쾌하지 못한 내가 아니라
누구나 그렇다는 이 청춘이 싫어졌다

극에 달하다

　나는 벼룩을 사랑하였고 벼룩을 사랑하는 지네의 지저분한 다리들을 사랑하였다 나는 푸른곰팡이가 피어난 밥을 맛있게 먹어댔고 쓰레기통에 버려진, 깨진 달걀과 놀아났다 나는 남들이 피우다 버린 꽁초를 주워 사랑을 속삭였고 징그러운 비단뱀이 버리고 간 허물을 껴안고 환하게 웃었다 나는 말라죽은 화분의 누런 잎과 간통하였고, 나는 텅 비어 있는 액자를 모셔놓고, 오! 나의 사랑이여, 헤프게 헤프게 고백을 하였다

　　너의 말을 듣고 있는 나 수치스러워
　　그 말을 하는 너 얼마나 행복했을까

　　내 양 귀를 찍찍 뜯어 창밖으로 집어던진다
　　비 오는 골목에서 내 귀야, 수천의 알을 까서
　　벼룩처럼 힘찬 뒷다리로 껑충껑충 뛰어서
　　지네처럼 자잘한 다리들로 스멀스멀 걸어서
　　　그의 방 창 밑에 모여들어
　　　못다 한 그의 말, 끝까지 들어주렴

나는 때로 천천히 걸었다 필요한 말 듣기 위해서였다
나 빨리 걷기도 했다 피곤한
너 좀더 일찍 귀가하도록
동행한 줄 알았던 너 난간 너머에서
거울에 비친 벼룩을 사랑하고
말라죽은 화분의 누런 잎을
자갈처럼 물고서 낄낄낄 이야기하고 있다지

이 말을 듣는 나 이만큼 즐거워
그러고 있는 넌 얼마나 행복하니

비가 오는
네 집 앞 골목,
영글은 몸뚱이를
치덕거려야지
흙탕 속에
숨었다가,
네가
지나가면
몸을

동그랗게
말아올려야지
야, 너무 이쁜 뱀!
너는
내 허물을 보고
기뻐할
거야

바로 그때입니다

지프가 한 대 지나가면
비켜서서 가장자리 쑥풀들을
밟겠습니다 몇 대 더 그런 차가 지나가면
호박잎이 뽀얀 흙먼지를 입겠고 힘겹게
늘어져 있을 테지만,
한차례
짧은 비로
그 잎은 푸른 제 빛을 찾을 겁니다 그때가

반짝이며 빛나던 호박잎이 너덜대며 찢겨지는
바로 그때입니다

끝물 과일 사러

끝물은
반은 버려야 돼.
끝물은 썩었어. 싱싱하지 않아.

우리도 끝물이다.

서로가 서로의 치부를 헛짚고
세계의 성감대를 헛짚은.
내리 빗나가던 선택들. 말하자면
기다림으로 독이 남는 자세.
시효를 넘긴 고독. 일종의 모독.
기다려온 우리는 치사량의 관성이 있을 뿐.
부패 직전의 끝물이다.

제철이 아니야.
하지만 끝물은
아주
달아.

달디단 꿈 1

내 소원은
차례차례 사랑이었던 것들과 한꺼번에
달디단 혼숙을 하는 것

앞에 버틴 너무 큰 창문은 벌레들 죄다 날아들도록
활짝 열어놓는 것
반듯하게 누워 눈이 물로써 전하는
귀를 향한 전언을 듣는 것
대지가 제 몸을 뒤척여 아침을 모시고 오는
발소리 또한 듣는 것

피곤도 없이 일어나 그 여전할, 박카스 한 병 같은
새벽을 보는 것
멀리 시내 버스의 으르릉 소리를 새롭게 듣는 것

차례차례 시체들을 걷어내듯
곤히 잠든 알몸들 걷어내고 일어나, 사용한 적 없는
커다란 솥을 꺼내 허기를 느껴보는 것

쌀을 깨끗이 씻고, 밥 냄새를 고소히 풍기는 것

내 소원은 그러니까
차례차례 사랑이었던 것들과 함께
깔끔한 아침을 먹는 것

꿈속의 성취

1
이른 아침 나는 항상 촉촉하다
할말은 꿈 안에서 벌써 다했다
빛이 환했다
배가 고팠다
새빨간 지렁이를 주먹 가득 쥐고
먹어댔다 아주 달았다
이른 아침 번번이 나는 죽고 싶다
네 개의 마루 창에는 반드시
교회 십자가가 보였다
확성기로 들리는 죄값을 치른다는
그 메시지를 이기기 위해서만
음악을 들었다
말을 믿었다 꿈 안에서만이
나는 수다쟁이가 되었다
그가 꿈에서 말했다
그녀가 꿈에서 말했다
너의 몸은 맛있어, 냄새가 좋아
그것만 좋아
나는 고름이 뚝뚝 흐르는 거울 속 내 육체를 본다

이게 그렇게 달콤했니
이른 아침 나는 그의 옷을 벗기고
그의 붕대를 푼다 몸을 다 핥고 나자
목이 탔다

2

　그대가 가진 그 손이 행여 밀림 속 적막한 내 나라의 철문을 내릴 수 있다면, 종려나무 무성한 그늘에 다다르십시오 그 나무 속 녹색 앵무새 한 마리 보신다면 그의 상처를 당신의 혀로 핥아주십시오 내가 정녕 당신의 노예이기를 바란다면 앵무새 그 오른쪽 날개를 뜯어버리십시오 그리고 새의 모가지를 비틀어버리십시오

3

오늘도 신의 부엌에 들러
남몰래 은그릇을 깨끗이 닦아 윤을 내고 왔다
그가 누구인진 몰라도
내 머리를 쓰다듬어주었다
나는 살쾡이처럼 몸을 웅크렸다

이 반짝이는 은그릇 가득 먹이를 주세요
배만 부르면
차디찰 저 하늘 한복판을
편안하게 날아갈 수 있을 것만 같았다

4
꿈은 언제나 엉성하고 나는 민감했다
상처난 아기 고래가 상어에게 뜯기곤
해초처럼 파도에 밀려 해안에 버려졌다
그렇게 나도 세상의 변두리로 오게 된 것이다
그 맑은 바다 햇살에 살이 빠르게 썩고 있다
웃으며 썩어갔다
따뜻하고 평화로웠다

학살의 일부 1

내가 얼마나 고독했었는가를 쉽게 잊는 것은
학살의 일부이다 얕은 기분으로 화분에 물 주며
나를 뜯어내듯 죽은 잎을 뜯어내는 것도
학살의 일부이다

이빨을 닦다, 하얀 치아를 보다, 치약 냄새를
맡았다 거울 속의 내가
울음을 터뜨렸는데…… 그 천박한 이유를 모르는 척
하는 것은 학살의 대부분이다

고무 지우개가 사각의 종이와 마찰을 일으킨다
마찰의 힘으로 한 페이지의 추억이 지워졌다
지워졌다고 믿는 것도 학살의 일부이다

창밖 앙상한 나무는
바람 불어주지 않으니
무대 세트처럼 가짜 모습을 하고 있다
죽은 평화를 누리는 나처럼
바람을 기다린다고 말하는 것도
학살의 일부가 된다

관 람

사람들이 킬킬거렸다 오 분마다
웃을 수 없다면 비싼 관람은 손해가 난다는 듯
결국 마지막은 만사가 행복하게 끝나요, 라는
피첨 부인의 대사에 사람들 발을 구르며 웃었다

극장을 나와서 걸으며 그는 어깨가 나란한
나에게 말한다 브레히트의 극은 너무 길었다고
그의 소외 효과는 더 이상
교훈을 줄 수 없다고, 외투를 추스르며
가라지 같은 웃음이 덧뿌려지지 않았다면 정말
지루했을 것이라고

이솝 우화나 한 권씩 사서 읽자, 그는 말한다
브레히트 신봉자인 내 어깨를 툭툭 치며
우리에게 희망은 관념, 절망만이 체험이라고
그는 내 귀에 대고서 말한다 필요한 것은
쓸개를 넣은 포도주 한 잔이라고, 이솝 우화의 곰이
엎드린 나그네에게 일러주듯
여기에도 비슷한 일이 일어나고 있다고,
죽은 것은 먹지 않는다는 곰처럼

어슬렁거리며

이 땅에 살아 있는 것은 없다 곰은 죽을 때까지
굶주림의 배를 오 분마다 움켜쥐어야 하리 그림자를
여러 개로 나누는 나트륨 가로등 아래를 걸으며
우리는 더 이상 아무 말도 하지 않는다

불의를 너무 박해 말아요, 머지않아
그것은 저절로 얼어죽어요, 밖은 추우니까요*

  * 브레히트의 희곡, 「서 푼짜리 오페라」 중에서.

학살의 일부 12

한밤중에 골목에 나가서
비닐 봉지처럼 시꺼먼 하늘 올려다보곤 한다
세상이, 이 세계가 호흡을 하는 것에
귀기울여보는 것이다
이 조용한 숨소리를 들을 수 있다는 게
치욕스럽다

일전에 예수가 언급했던 그 사랑이라는 언어가
길떠난 지 이천 년 만에 빈손으로 돌아오고 있다

이 예사롭지 못한 평화라는 것은
가혹한 가스실과 다름없다
침묵이라는 폭력을 몸에 익힌 시인들이여
두 손으로 입을 틀어막고
말매미들이 대신해서 울고 있구나
여름 한철을 다 울어서 가뿐하게
땅으로 툭, 육체를 떨어뜨리고 있구나

나에게도 마음이 미쳐 날뛰던 시절이 있었다
용광로처럼 뜨거웠으므로

그때
이 한 세계를 육체 속에 첨벙 던져버린 것이다
건져지질 않는다

나는 새로운가

1
돌아보니 한번도 정갈한 손으로
너를 안은 적이 없었다

우리는 늘 시간이 없다고 말했다
너의 등을 만나기 위해
치석 같은 판단들을 사정없이 긁어냈고
시간을 닦아낸 휴지 조각은 산처럼 쌓였다

우리가 그토록 초조하게 찾으려던 것은 무엇이었을까
너의 것인 줄 알고 받아들인
수많은 헛것들
두 눈 똑바로 뜬 채, 앞에 앉은 너에게
너를 빌려주어서 고마웠노라고 말한다
영사기에서 새어나온 우리는 허상이었다 말한다

초조한 마음으로는 아무것도 만날 수 없었다
사람의 발에 시간을 신길 순 없었다
이제 우리는 벗었던 양말을 신어야 한다
서로의 수음을 구경하는 일에 지나지 않았다

2

또 오십시오 감사합니다. 반복을 세뇌하는 복음
벗겨내고 나무젓가락 두 쪽을 쪼갠다
길다란 종이에 포장된 나무젓가락 두 쪽을 그들은
쪼개지만, 왜 그와 그 여잔 명료하게
쪼개지질 않을까 숨통 막히는 포장지 벗어던지고

그 여자는 국수를 비비면서 오늘도 생각했다
 나무젓가락 두 쪽을 딱, 쪼개듯 쪼개질 수 없는 그
에 대해
 자웅동체처럼 붙어 사는 접착 본드의 위력에 대해
그 여자는 내일도 생각할 것이다
한 젓가락의 운명을 쓸모 있게 들어올려보았으면
그런 후, 부러지고 버려져보았으면!

3

거기 화환을 줄지어 내다놓는 양화점
새로 문을 여시는군
거리의 새로운 출발을 목격하는 나는 새로운가

한 사람의 구원덩어리가 버스에 올라탔다
식권을 쥐어주듯, 우리들 허기를 걱정하는
경고장을 나눠주었다
기쁘다, 라는 말을 사용하였다 모든 사람들은
바쁘다, 라는 말을 중얼거리고 있었다

신촌역 로터리에서 버스의 그림자가 급회전할 때
 나는 생각한다 무관한 행려병자의 안구와 오장육부
에 대해
 그리고 나는 쉽게 전염된다 세브란스 영안실의
 무관한 통곡들에

 덩달아 화를 내는 일 잦아도 덩달아
기뻐하는 일이 드문 나는 말한다
거리의 화환이 즐비한 어떤 양화점 지나며

당신들은 좋겠어요
짧은 희망들마저도 내다놓고 장식할 줄 아시니

학살의 일부 11

 나는 그때 그 핏빛을 사색했다 지는 해 지는 해 거기에서 나는 청춘을 살고 있는 것이 아니라 청춘으로 살아야 한다고 애쓰는 너희를 보았다 그런 너희가 지고 있는 것을 두 눈으로 지켜보았다

 황혼의 힘으로 모서리를 날카롭게 빛내는 이곳에서 나는 외롭다, 라는 말을 천천히 발음해본다 외로움이 부족해 피가 마르는 세상이 있고 중무장된 평화에 천천히 질식되는 너희가 있고 지금은 마지막 사랑, 더 이상 꿈꿀 사랑이 없다, 라는 사실을 날마다 애써 외우는 내가 있다

 삶이 더 이상 궁금해지지 않을 때 사람들은 돌아앉아 추억에게 먹이를 준다 돌아누워 내 추억을 먹이로 받아먹다 잠든 세상이여, 바람 소리 굉장해서 나는 사나운 꿈들을 불러들였노라 지금 찬란하게 지는 해의 저 사무치는 평화는 여전하고 여전하지 않는 나는 노엽게, 진창처럼 부드러운 생을 바라보고 있다

그러나, 거대함에 대하여

1

(내가 자금성을 반만 꼼꼼히 보고 질려 했을 때, 그 스케일에 대해 그는, 때이른 찬사를 보냈다. 천안문 광장의 광활함에, 그가 아, 하고 한 음절로 요약했을 때, 나, 인력거에 몸 싣고 달리며 뺨 핥아주던 그 바람에, 무수한 자전거들 은빛 바퀴살에 감기던, 그 햇살에, 나, 취해 있었다. 북경에서 나흘을 쉬고 있었어도 만리장성엔 가기 싫었던 사람이 나였으니, 그가 진시황릉의 거대함을 보는 동안, 나는, 어느 한 토용의 등판에 새겨진 도공의 이름을 읽었다.)

2

부디 그여, 나를 칠종칠금하시기를
세상 전체를 병풍처럼 펼치며 불어오셔서
지나치게 충분하고 하염없으시기를
한없고 속절없으시기를

나는 이제 그의 수다가 남긴 수많은 말의 뿌리들 보네
백 개의 손가락을 가진 거인처럼
무수한 잔뿌리들 하나하나가

나에게 피곤한 말을 건네네
나 그 잔뿌리에 묻은
거뭇거뭇한 흙의 입자들 보고 있다네
항상 열려 있으므로 아예 입구가 닳은
그의 생도 언뜻언뜻 보이네

나는 견딤의 힘으로
견디며 살아왔네
왼발을 내디디면 오른발을 걱정하고
숨을 내쉴 때 들이쉴 숨 준비하느라
나는 정신없었네

쌀 한 알에 새겨진 반야심경 같은 나를 그가
반복해서 읽을 때면
그의 우주를 움켜쥘 만할 손바닥에서
나 기나긴 낮잠을 자곤 하네

모래처럼 그 손가락 사이로
그러나 나는 항상
빠져나와 있네

가지 않네, 모든 것들*

지난한 종이들 너무 많아라
정든 세상, 지루했던 스무 살들이여 잘 가거라

공터에 나와서 그대와 나
어두운 그림자처럼 우두커니 서서
식는 불꽃 바라보고 있다
나무 막대로 한 번 뒤적일 때마다
작은 불꽃들 위로 위로 솟는다
그대 옛여인과 내 옛남자의 사진
한데 섞여 재가 되고 있다
수많은 한숨과 적절한 외로움의 나날들
그대 일기장과 내 일기장
몇 권의 노트로 요약되는 우리의, 그렇게
무관했던 세월들
한데 섞여 재 될 수 있으니
뼈아프게 행복하여라

나는 석유 붓고 그대 성냥을 긋고
저 지리한 편지들과
시효 지난 약속들 다 타는 동안

부디 그대여
저 먼 곳으로 날아가보렴, 그대 여자가 살던
그 동네로, 그대 외로운 수음의 날들이 견뎌낸
그 옛집으로 날아가렴, 휘이휘이 그렇게
그곳에 마음 두고 몸만 오렴
저걸 봐, 정발산 저쪽으로 쓰러지는 저 해를,
마지막처럼 자기의 빛을
온 마음으로 산란시키는 저것을
그러나
내일 또 반복되는 저 석양을

그대는 다 타버린 우리의, 그러나 각자의
내력을 움켜쥐며
아, 따뜻하다
하며 웃네
너무 다르게 살아왔어도
거기서 거기인, 그렇고 그런
짧은 청춘의 흔적들 이제 한 줌 재가 되었다
새카매진 손 마주잡고
우리 현관문을 연다

그대와 나, 두 켤레의 신발이
현관에 남는다

* 함성호의 詩「오지 않네, 모든 것들」에 답하다.

幻身의 고백

1

저는 본디 양가의 딸로서 어릴 때부터 가훈대로, 법도대로, 그 밖의 일은 알지 못하였습니다. 마침 그대의 붉은 살구꽃 핀 담 안을 엿보게 되자, 저는 스스로 碧海의 구슬을 드렸으며, 꽃 앞에서 한 번 웃고 평생의 가약을 맺었고, 휘장 속에서 거듭 만날 때는 정이 백년을 넘쳤습니다

2

그러하였다
익혔던 관습은 투구처럼 문밖에 벗어두었다 외투?
그것 역시 들판 어딘가에 던져졌을 것이다
내 몸이 이것이 아니었다
천성이 시킨 짓이다 부끄럽지 않다
후회하지 않으며 幻身도 가뿐하기 짝이 없다

3

나는 음미한다 내 몫의 허공, 내 앞의 헛것, 내 안의
무용지물들
또한 나는 식별하리, 이상한 기류들을 생분해하는

나와 나 아닌 것

4
네가 백 명의 여자를 사랑하는 동안
나는 한 명의 남자를 사모하였다

가방 가득 판돈을 싸들고 입성한 이곳
네가 마악 다녀갔다는 전갈을 받았다
아무렇게나 놓인 의자엔
너의 체온 남아 있고
이 온기가 다 식을 때까지 나는
이곳을 뜨지 않으리라

아,
내 심장이 쿵쿵쿵 걸어가는 소리
너에게 들렸으면 시끄러워 잠 못 잤으면
일어나 너는 봉창이라도 두드렸으면
난 봉창이 되리
무색 민무늬 영혼이 네 손때로
까맣게 더럽혀진다면

5
오른쪽 가슴을 태워 없앤
아마존 아가씨 저만치 서 있었다
나를 향해 그리곤 힘껏 활줄을 당겼다
아, 나는 몸뚱이를 시원하게 열어보였지
저것 봐, 날던 새가 비켜주잖아

아무도 울어주지 않았다
납빛 활촉이 쌩 먼지를 갈라
내 뚜렷한 동공에 꽂히는 것
단단한 내 눈물들을 아무도 보려 하지 않았다

활줄을 당겨 내 눈을 꿰뚫은 아마존 아가씨가
내 앞으로 걸어와선
"당신, 귀를 잘라."

나는 이제 제대로 된 과녁입니다
화살이란 화살 전부 내게 와
나의 幻身에 꽂혀주시기를

음력 제13월

 운명적으로 입 앞의 것을 집어먹은 비둘기, 제 몸을 못 가누기 시작한다 함부로 파닥파닥대는 저 새의 날개는 날기 위한 용도가 아니다 고통을 표현하고 무덤을 파는 저 두 날개, 독이 번지는 그의 육체는 이내 아스팔트 위에 밀착된다 몇몇 대의 차바퀴가 그의 생을 짓뭉개고 지나갔다 그가 평생을 휘젓던 무한 창공은 그의 무덤이 되지 못했다 결과적으로 그는 길을 선택한 셈이다 포처럼 납작해진 그는 길 위에 보잘것없이 포개어졌다

이제 당신이 무익조가 아니라는 걸 아시겠지요
당신은 동천의 즈믄 밤,
신의 빛나는 눈썹을 꿈으로 맑게 씻었던,
老시인의 노래 속에 나오던
그 매서운 새입니다
그걸 알고 시늉하며 비끼어가십시오
당신의 구곡간장은
삭망의 변화무쌍한 하늘 어디고 날아갈 수 없이
지리합니다
내 역법은 당신의 파다거림을 받아들였습니다

나의 달력엔 가장 빠르게 둥글어지고, 가장 느리게
야위어가는 음력의 한 달이 만들어졌습니다
새가 멈춘 달, 그 일 개월을 노닐다 가시지요
저는 평생이라는 찰나를 태양에 비껴서서
있습니다 아무도 우리를 그 어떤 절기 속으로
포함시키지 못할 것이며,
유족해진 시간에 당신은 여기를
지옥이라 말하시고,
고통에 대한 결핍감으로
진저리를 치소서

혁명, 개인적인

무감각한 저 산은 오래 전부터 훼손되고 있었다
이제는 철골조와 콘크리트가 들어서고, 오늘은
무의미한 하늘을 잔뜩 짊어지고 있다, 저 산

하릴없이 창밖을 보며 날이 어두워지기를 기다린다
하루는 너무 늙어 추해지고 있다
어스름이 밤을 예감하고 있을 때 나는
인도네시아의 아름드리 나무들이 한꺼번에
무너지는 듯한 소리를 듣는다

행복에 겨워서 불운한 듯 우울에 빠지고
혀가 너덜대도록 해댄 사랑한다, 는 말로부터
도망치고 싶어진다

장마비로 울퉁불퉁한 골목길엔
물웅덩이가 몇 개 생겼다
비둘기 하나가 웅덩이 하나에 들어앉아 제 몸을 맘껏
더럽히며 물을 쪼아먹고 있다 나는 짐짓
저 더러운 깃털 같은

생애를 부러워한다

한 남자가 잠깐 동안 임대한 세계가 나라는 사실에
만족하기 위해 많은 세월을 썼지만
헛수고임을, 나 여기 묘비에 적듯 적어두노라 가거라
멀리 가거라 머뭇거리지 마라
뒤도 돌아보지 마라 썹새끼

사공이 둘이면 배가 움직이지 않는다
배 밑창이 강 한가운데에서 썩고 있다
이제 나는 혼자가 되는 초라한 꿈을, 이 시대 최고의
혁명이라 명명한다

오늘도 빗물 튕기며 지나가는 차소리에도
마음이 울었고
내일도 그러하리라 오늘도
멸망한 직계 선조들에게 내 생의 파멸을 소원했고
내일은 더욱더 간절하리라

학살의 일부 7

나의 전생을 즙으로 짜 쭈욱 들이켜고 있는 남자,
그런 남자가 있습니다
나의 체모를 모아 비를 만들어 마당 쓸고
나의 살가죽 벗겨 제 방의 걸레질 연신 해대는
아주 깔끔한 남자 있습니다
내 동공 절여 새콤한 젓갈로
쩝쩝 반찬해 자시는 남자
그 남자가 계십니다

그 남자
정갈한 방에서 담배를 피우며 시집을 읽을 때
나는 부엌에서 살의를 양념으로
밑반찬 만듭니다
양파를 토막내며
이놈의 흰 살처럼 맵게,
바스러지고 싶기만 합니다
고기 다지며 이놈 살처럼
문드러지고 싶은 겁니다

얄팍한 살의로 이 가을, 국화차를

끓입니다 독약을 몇 방울 떨어뜨립니다
자아, 쭈욱 들이켜옵소서
이 아침, 이부자리에서 일어서는 그는
한결 더 눈부셔져 있습니다

우리는 찬양한다

세 장의 달력을 한꺼번에 뒤로 젖혔다 정확히 석 달,
그 동안 우리는 매일 밤 전화를 했다 밤새
낡은 말을 하고 그 말을 믿었다
믿으려고 애썼다 한 줄의 글 쓰지 않았다
편지 보내지 않으니 오는 편지 없었다
단 하루의 日記도 없이 백 일을 보냈다 우리는
서로에게 주인을 강요했다 노예로
삼아달라고 밤새 서로를 설득했다 그렇게
백 일을 보냈으나, 백 원짜리 폭죽처럼
입술은 건드리는 족족
펑펑 터졌으나, 속 쓰리고 머리 아픈 아침만이 남은
몫이었으나
한 번의 후회도 언급한 적 없었다 불안함
없었다 비 없었고 빛도 없었다
그저 지루한 인생의 백 일을 도려냈다는
큰 몫을 우리는 찬양했다

바다를 보러 가야겠다 수많은 그를 수장하고 돌아선 바다 보러 가야겠다 내 눈물로 그 수위를 높였던 동해 바다에 가야겠다 먹장구름 삼키며 사나운 파도가 나를 삼키며 나는 세상을 삼키며 세월을 물 쓰듯 썼던 그 시절들 보러 가야겠다

내가 신화 속에 존재할 먼 미래에 대해 궁리하다가, 나는 미래를 발길로 찼고 현재와 결별했다 딱딱한 의자에 앉아서 생소한 창밖 응시하다보면, 고스란히 실내를 되비추는 창이 보이고 그곳엔 내가 허공의 실내에 화분처럼 놓여 있기도 하다 멀리 한 줄로 세워진 아파트 불빛이 보인다 이 빠진 불빛 한 군데가 마저 줄을 채운다 거기 사람이 왔나보다 여기도 사람이 있다

창문을 흔들어대는 낯설고 억센 바람, 그, 억센 손아귀와 싸우다 실내에서 지쳐버린 이 영혼 하얗게 타고 있다 가벼운 입김에도 획, 흩어지게 될 것이다 나는 온 청춘을 저속하고 불결하기 위해 최선을 다했다 거적 같은 몸뚱이를 아무데나 두고 자버렸고 내키는 대로 아무 꿈이나 불러들여 가위눌렸었고 바퀴벌레

우글거리는 헌 집처럼 오래오래 나를 비워두웠었다 때가 온 것인가, 선회하는 멸망이 보이고 아주 달게 저무는 세기말이 보이고 나는 늙어가기보다는 꺾여가고 있음을, 헐렁헐렁한 제스처로 변두리 골목을 어슬렁대고 있음을, 세상의 가십거리를 들어주다 내뱉은 욕설에 뚝뚝 부러지고 있음을 알게 되었고 그것은 기분 좋고 바람직한 일이 되어버렸다

 공명되는 악기보다 더 비었으면 비었지, 싶은 마음들이 백화점 세일 축제에 붙들린 풍선으로 매달려 있고, 아직 세상에 내건 문패가 없음과 그 문패가 마모될, 마모되어 다 지워질 세상에 대해 나는 기립 박수를 보냈고, 가장 좋은 것에 대해서 한마디도 발설하지 않은 채 내가 하루, 하루를 살아내고 있음을, 꿰매 입지 않고 찢어 입는 시대에 태어났음을, 뒷산에서 희미하게 들려오는 약수 행렬의 야호, 를 점호로 삼는 야행성들이 컴퓨터 통신 대화방에서 불개미처럼 득실거리고 있음을 못내 만족스러워하며 안도의 한숨을 내쉰다 여, 우리는 전통이란 허깨비의 발뒤꿈치를 잠시 보았을 뿐, 그 허상을 숭배한 한때는 우리

인생의 양념이었을 뿐, 우리는 역사를 배반하기는커녕 구경조차 못 했으니 현실과도 자연스럽게 결별하는 것임을

 내 삶의 목적은 천년 동안 잠을 자는 것, 나의 수면은 시대에 대한 예의이며 자비이다 사나운 파도가 지형을 바꾸며 나의 수면을 깨우지 않은 채 모든 것을 훼손할 것 꿈꾼다

달디단 꿈 3

보이는 나락에서 너희에게 행복을 전파하노라
끝은 북극의 빙하처럼 눈부시리라
저 바닥이 보인다고 대답하라
내 몸의 고행길에 오르지 말 것이며, 내 몸의
꽃 냄새에 취하지도 말 것이며, 내 몸의 頂上에
어떤 깃발도 꽂지 말 것이며,
너의 국가를 세우기 위해 내 몸을
빌리려 하지는 더더욱 말 것이며,

그대들의 그림자가 내 그림자 속으로 들어와 있도다
시원하여라, 그대들은 안도할찌니, 하여
나를 의심하고 죽이라

오늘도 소처럼 풀을 먹고 배를 채웠다 꿈벅꿈벅,
말이 없어서 나를 착한 사람이라
말하는 것이겠지. 곧 너를 배반할 것이므로
달디단 말들은 필요가 없음을

나방이 형광등에 몸 부빈다. 사방천지의 고요함.

질주하는 차소리 공명된다. 등을 돌리고 잠든 남자. 밥을 주지 않아도 잘도 가는 전자시계. 마음 주지 않아도 잘도 자는 남자.

  육면의 벽이 나를 주시한다. 너무 오래 한 자세로 앉아 있었다. 어깨에 먼지처럼 뽀얗게 앉은 형광불빛, 네 숨소리와 내 숨소리의 어긋남. 섞임. 이 방은 수천 년 동안 허공을 부유하고 있었으니,

> 오래 집을 비우지 말라
> 네 집에서는 귀신 냄새가 나
> 나는 함부로 벗어놓은 너의 양말을 개고
> 함부로 뱉은 구애의 말들 접고
> 세상에 뿌린 서툰 사랑의 맹세들 나를 가둔
> 벽돌, 벽돌들이 되었다
> 보름달 뜬 저 어둔 하늘에 맑은 내 두 눈
> 벽오동처럼 심어두었으니
> 너는 봉황처럼 유유히 날아와 그 열매를 쪼아라,
> 내 몸은 은하의 바깥을 떠돌기에
> 무게를 모르고
> 또한 지금을 모르고

사람의 율법 알지 못한다

너 자신을 오래 비우지 말라
너의 혼이 취해 있는 건
내가 아니라,
일찍이 멸망한 내 종족의 귀신들이야
너 어리석은 맹인이여, 길이 아닌 길을 걷고 있는도다

주문을 외다 2
──타르코프스키

선하게 만들지 마소서
그대의 눈이, 손이, 혀가 닿는 내 살갗과
내 살갗이 아닌 것
무섭습니다

저기 눈부시게 하얀 소금밭은 썩지 않고 있습니다
썩지도 않지만, 어떤 생명도 자라지 않습니다
선의 과잉은 언제나 악으로 보입니다

부디
그대 몸이 닿는 곳마다 재앙이 오기를
내가 알거나 알지 못하는 신이여,
더 낳을 죄 없어 삶이 황폐합니다
이 육신은 죄의 권세도 누리지 못하고
낡았습니다
악의 끝이 더할 나위 없이
달고, 시고, 고소해서 그렇다고 믿기 때문에
그 마지막에서 설탕처럼 하얗게
반짝이며 웃고 싶습니다

병들어 행복합니까

일파만파지요 당신의 다녀감은
다녀가지 않음은 만파억파입니다만
감정을 적대시합니다만
육신이 꺼내놓은 융단에서
쉬려고 합니다만
관계치 말아주십시오, 당신은 한번도
아니오, 라고 말씀하지 않는군요
좋은 버릇입니다만

악몽은 행복으로 둔갑하여
오후 한나절을 나에게
헌신해주었다
넌 상처를 전파하는 종파의 지도자
나의 꿈이 너가 될까봐
전전긍긍하시길

나는 난해한 말들을
창가에 심어두었고
가끔
물을 주었고 그 뿌리는

그리하여 썩었다

우리는 화랑교에서
다리를 절며 걸었다
절던 우리의 다리는
서로 방향이 달랐다
기우뚱
한번 어깨가 멀어지면
다음은 맞닿지만
그때마다 나는 되도록
시선을 멀리 두었다 관악산을 장악한
아카시아들이
주먹마다 흔들고 있는 백기를 보고
어지러워했다
그 지독한 향기들

눈 속의 솔가지 꺾어
이내 뜻을 알리리라던 단호한
사랑의 고백들은
나로 인해 무력하리라

그 솔가지 꺾어들고
잔 세어 술 마시듯
세어보리라
너가 비운
내 술독에
어떤 사내들이 취해 돌아서는지
돌이켜볼 것도 없다
너로부터 멀리 가려
할 때마다 내가 당도한 곳은
너의 창, 그럴수록
생은 납덩이처럼
무거운 그림자를 키워가지만
아무려면 어때,
뭇 사내들이
그 그림자에 와
더위를 피하며
쉬었다 가든지
말든지

당신의 눈물로 나를 침례하지 말아주십시오

저녁은 오지 않을 것이고
와도 소용없습니다
당신도 마찬가지입니다만
병들어 행복합니까

손

내 오른손에 만져지는 왼손
내 왼손이 느끼는 오른손에는
애인의 손맛에 취해서 청춘을 망친 자들이
요약되어 있다

악기
숨구멍
마음을 감싼 이 부대자루를 조여맨 자국
정들면 지옥이라는 말의 증언대
'안다'라는 말의 산 증인
오래도록 밟아서 만든 길
본래의 천성을 어지럽힌 장본인
그럼에도 불구한 내 천성의 실마리

말보다 솔직해서
말보다 미더워서
그리고 무엇보다
말이 한번도 받지 못한
이해라는 걸 받아보았으므로
더할 나위 없는 지복을 누렸던 손

마음의 바람기
마음의 육갑
마음의 단도직입
마음의 주인나리
만지는 쓰는 전화를 걸고 그의 발을 씻어주고
주먹을 쥐는 형제를 염하는
때리는 훔치는 속이는 묶는 뜯고 찢는
은밀함의 극치이며 드러남의 극치인
마음의 가장 비천한 식객
마음의 천형

손이 먼저 저지른 죄들로
인류는 날마다 체한 채 지구를 돌린다
종생토록 죄값을 치러도
손이 있는 한 반성하지 않으며

존 경
── 프란츠 카프카(1883~1924)

그 고독의 일부가 되고 싶어
내 선명한 잎사귀로 찰찰거리며 날아갔을 때
그는

늙은 생선의 비린내를 풍기며
아니
갓 꺼져 매캐한 연기 올리는
양초처럼
아니
깡마른 나무의 까칠까칠함으로
나에게 단 한마디를 건넸다

안아주었다 놓아준 사람은 그였지만
힘들게
떨림을 감춰
찻잔을 들어올리는 사람도
그였다
그 떨리는 찻잔 밖으로 아주 조금
넘쳐 나온 커피처럼

나는
정해놓은 법률들 밖으로
아주 잠깐만 외출을 하고 싶었을 것이다

주문을 외다 1

내 이름은 어린 양——당신은 그 이름으로
나를 부르는 얄팍한 입술의 신
내 이름은 어린 양——그러나 그 이름도 나를
무겁게 하여서
내 이름은 다시
어리디어린 양

내 이름을 불러주는 폐허 안에서
나는 미사보를 머리 위에 사뿐히 얹고서는
천천히 천천히 살아간다 내 이름은
바로 내가 쓰고 있는 희디흰 미사보——그것은
아무 무늬 없는 밋밋한 망사
한낱 얇은 헝겊 한 장의 지붕

내 이름은——돌아오지 않는 한 시대의 11월
그 가을의 낡은 잎을 주워 먹는 순하디순한 양
그러나 지금도 나를 부르는 무미건조한 입술의 신
그의 발 아래서 나는
흘린 포도주를 핥는다

II. 학살의 일부

산 자들을
위한 기도

그는
확장 공사중인 성당 꼭대기에서 낙상하였다 천장 높이 안치되기로 한
하얀 예수 십자가상에 겨우 매달려, 짧은 무서움을 표현했을 뿐,
그 십자가와 함께 무거운 그의 체중은

땅으로
거침없이
떨어졌다
하얀 석고
십자가와
함께 그는
간단히
산산조각
났다 그는
기도하는
것을 잊지
않았다
아주 가까이에
깨져 있던
예수의 귀는
비록
석고 조각이었지만
고막은
터졌겠지만
그는 심장이
멎을 때까지
마음의
혀를 애써
놀려
끝까지
아멘!
기도를
마쳤다

학살의 일부 9
──그렇게 차가운, 차가운 땅에 누워
멀리 흐르는 하얀 구름들만 바라보고 있는지

1

살아온 날들이 남긴 너의 사물들 정리하다
새벽을 맞았다
간밤의 거친 비에 못 견딘 꽃나무들은
손톱같이 애지중지하던 꽃잎들을 다 버렸다
골목에 떨어져 아직 아무도 밟지 않은
꽃들의 마지막 육체를
내가 먼저 보고 있다

2

살아서 고기를 굽고 파란 상추에 싸 먹는
내가 있고, 음식보다는 너로 인한 추억들에
날마다 체하고 손끝을 따는 나 또한 있다

3

(너를 잃은 후, 나는 산 자들의 안부는 정말이지, 하나도 궁금하지가 않다. 살아 있는 내가 끊임없이 이 육체에 무릎꿇듯, 행여 네가 그 넝마 같던 육체마저 애달프게, 그리워하고 있으면 어떡하나, 내 걱정은 그게 먼저다. 오늘 적조암이란 절에 갔다. 서른다

섯의 나이에 이승을 떠난 시인 진이정의 기일이었다.
그의 영혼이 식사를 하러 왔을 때, 나는 그에게 물었
다. 그곳은 과연 살 만한 곳인지.)

4
나도 그렇게 네가 있는 나라
보았으면 좋겠다

대체 식량

르완다의 어린이들은
주유중인 군용 트럭에 달려들어
손에 쥔 넝마 조각에, 새어나온 가솔린 묻혀 빨면서
굶주림을 이긴다

하루 치 신선한 산소를 공급하는
oxygen salon의 영국인들은
튜브를 코에 꽂고
비치 체어에 누워 있다

산란기의 연어떼를 잡아먹고
터질 듯 배가 부른 알래스카 불곰은
연어의 눈알만 빼먹으며 습관적으로
연어 사냥을 한다

먹는다, 라는 관성이 餓死 이후를 이끌어간다

꿈이 아닌 곳에 팔아먹은 잠
시만 읽어도 배불렀던 시절
꽃다웠던 한때를 추억하는 어머니

처절한 허기를 잊기 위해서라면
고행중이었던 붓다도
대마잎쯤 질겅질겅 씹었으리라

내가 꾼 꿈들이
내 꿈의 포식자가 될 때까지
대머리독수리처럼
썩은 내 잠을 그리하여 쪼아댈 때까지
조악한 은유를 나는 우물우물 씹는다
완벽한 아사만이 유일한 대체 식량이 될 때까지

즐거운 정신병원

사각의 건물에 불이 켜진다 8차선의 도로에
자동차 줄 잇는다
창밖에는 사람들이 바쁘게 간다 온다
또 간다 그 앞에서 나는
과민성 대장을 채우고 있다 바쁘게
걸어가는 황혼색의 외투, 전광판의 시시한 뉴스도
바쁘다

치료 요법처럼 나는 당신과 마주앉아 있다
불란서풍의 레스토랑에서 알약을 먹듯
빵을 먹는다
자기 자신을 웨이터라 착각한 웨이터가
테이블을 치워주고 애인이라 착각한 당신은
커피를 주문한다 사람에게는 세계 자체가

쇼크야, 당신이 그 말을 할 때
출산이라는 한 생명의 쇼크사를 눈앞에 둔
임산부가 손으로 배를 받치고 지나가고
쇼핑백을 양손 가득 든
공범의 사내가 그녀를 부드럽게

감싼다 앉을 곳을 찾는다
바랜 얼굴의 노신사는 광화문 지하도에서 오후 내내
말세를 외쳐댔다
어두워지는 백열 전구의 조명 아래
고흐의 노란 정물화 복사품이 액자 안에 갇혀 있다
히틀러로 분장한 채플린의 흑백 사진도 갇혔다
제정신으로 살다 간
정상적인 사람들은
역사의 어떤 한 페이지에도
기록되지 못했다 가짜야, 전부 가짜야

거리를 내다보며
우리는 중얼거린다 거리의 거대한 정신병원들이
네온을 켠다 토큰을 받는 앰뷸런스들,
미치광이들과 영원을
결탁한 친구, 문명 문명들이 우리들 시야를 점령하러
걸어오는 것이 보인다

내 인생의 외도

육중한 분량의 몇 페이지만 찢어내고, 안심하고
해보자
세상 루머가 일시에 용서되는 순간을 낡은
이 팔다리로 어디 해보자
햇빛이 이맛살의 근육을 때리고 지나가도
정신차리지 말자

아침, 언덕에서 마악 내려오면
간밤의 빗줄기로, 상가의 셔터가
새것처럼 반짝거리나,
시효보다 빠르게 녹슬게 된다는 의미와 다르지 않음을
굳이
말로 하지 말자 등교하는 아이들의
도시락과 신주머니에 들어 있는 깨끗한 영혼도
쳐다보지 말자 끊임없는 식욕처럼 끊임없는
소화 불량, 24시간 편의점에서 소화제를 사 들고
근처 카페의 아침 커피 한 잔 같은
짧고 개운한 후회도 하지 말자 그의 인생을,
그의 또 다른 인생인 나를
내 한 페이지의 인생을 속이고 있다는

생각도, 자판기에서 백 원짜리 티슈를 꺼내 들 듯
쉽게 쓰고 쉽게 버리자

화성인의 술집

각지고 넓은 탁자의 이쪽 끝에 너는 나무처럼 딱딱하게
앉아 있지만 불을 보듯 후끈함을 느낀다

이 사이에 놓인 빽빽한 공기의 밀도,
언제까지 우린 이 밀도를 버티고 있어야 할까

탁자 위 차가운 맥주병은 늘어가고
담뱃갑은 비어간다 우리의 마음은 한시도
비워낼 틈 보이지 않고,
단련된 지구인의 얼굴로 적당한 농담
그리고 웃음들 흘리고 있다

붉은 색 양초는 파르르 떨고 있다
어딘가에서 바람이 새어드는 걸 그래서 안다

지친 어깨를 무거운 잠바로 누르고 앉아서
너는 화성에 가는 꿈을 꾼다고 한다 불분명하게
화성에 가는 이야기를 한다 한 순간이지만, 너의
숨막히는 고요에 귀기울이는 나를,

느끼고 있는 네가 보였다
우리가 확인한 지구는 이 탁자처럼
짙고 반들거리며 각져 있었다 너의 말은
바람이 새어드는 삶처럼 흔들리고 있었다

창밖, 어둡고 깊은 겨울은 터널 속으로 들어가
쉽게 나올 줄 모르고, 내 손목에 매달린 시간은
무거운 추처럼 중력을 잡아당긴다
달빛이 머리 위에 얹혀서 내가
더할 나위 없이 환해져 있는 것을 너는
보았으리라 그러나

    지구의 한끝에 서서
    지구 전체를 포획하려는 너는
    바로 뒤에 놓인 작은 덫을 보지 못하고 있다
    네가 쳐놓은 덫들만 집이라 한다

그 덫에 가기 위해 때를 지나치려 하고 있다

학살의 일부 10
── 이빨이 성긴 노파

길다란 쪽마루의, 햇볕이 노란 부분을 골라서
노파는 앉았다
한쪽 무릎은 세우고, 한쪽 무릎은 뉘은 자로 눕혔다
두 무릎을 가득 덮는 황톳빛의 월남치마
눕힌 무릎 앞에 놋재떨이가 있다 그녀는
바다에서 용이 머리를 치키고 올라올 때와 같이
담배 연기를 코로 뿜는다 여의주처럼
담배를 물고 앉아서
성긴 이빨을 자꾸 드러낸다

왁스칠로 반짝거리는
짙은 노란색 쪽마루의 틈새엔
몇 년 동안의 먼지가 틀어박혀 쭉쭉
장부 같은 줄을 그어놓았고
그 노파는
세상 사람들이 그어놓은 줄들을
그런 모양으로 무시하듯 질펀히 앉아서 살아왔다

노오란 양지는 노파를 점점 비켜간다
노파는 그저 햇볕 안에 가만히 앉아 있었는데

햇볕이 얼굴의 반을 부시게 하더니
점점 비껴서
이제는 그늘 안에 노파를 가둔다

학살의 일부 4

 아버지의 삶을 쓰기 위해 소설에 매달린 한 친구가 있었다. 그 아버지 알코올에 중독된 자신을 이기지 못하시고 박카스 한 병짜리 농약 마시곤 대낮 약수터에서 이승을 떠나셨다. 세상의 곤궁함과 그 곤궁함에 귀속되지 못하여 쩔쩔매던 중학교 때 수학 선생은 여관방에서 목을 맸고, 즐기던 그 술에 기분 좋게 취하여 귀가하던 나의 큰아버지께서는 세차장 홈에 빠져 어이없는 실족사로 삶의 문을 닫아걸었었다.
 광부가 되려는 한 남자와 간호사인 한 여자가 독일로 흘러들어 사랑하고 결혼하였다. 그 부부는 채소가게로 성업 이루자 새로 산 벤츠를 타고 첫 여행을 떠났는데, 그 여행길에서 교통 사고로 일가가 나란히 세상을 떴다. 위암 말기 환자였던 나의 형제는 병실 창밖으로 몰려오는 봄을 바라보다 평화롭게 눈을 감았고, 유족이 된 나는 화장터에서 점화 버튼을 눌렀다. 조문 오지 못한 그의 애인이나 다름없던 기막힌 친구는 전방에서 눈사태에 죽어가는 동료 살리려다 눈에 묻혀 죽었다고 한다.

 누가 더 잘 죽었는가, 살아 있는 나로서는 죽음에

다 대고 한없이 찬성표를 던지고만 있다. 아, 살아 있는 자들이여, 과연 누가 더 잘 죽어가고 계신지.

1937년생

그는 간략하게 요약될 수 없었다
그 얼굴은 얼굴 외에 또 다른 것들이 겹쳐 있었다
내가 한 얕은 분장과는 아주 달랐다

그의 말들은 지나간 것들에게 달려가
걸터앉았다 어떤 말은
헛전헛전 산책하듯, 또 어떤 말은 탱탱한 고무공처럼
재빠르게…… 가건물 같은 미래로만
허우적대다 주저앉는 내 말들과 근본이 달랐다

그는 손금을 단순하고 깊게 팠다 여자도 많이
핥아주었겠지 그 손으로, 그 여자를 위해
연필을 쥐고 편지를 썼겠지
단추를 채우고 단추를 끌렀겠지, 그 손으로

작은 바람에도
휘청댈 듯 자잘한 손금 많은 내 손과는
아주 달랐다 무엇보다 그에게는
팔딱이는 심장이 있었다 결코 바닥나질 않는 추억이
쉼없이 들락거리며 그의 맥박을 뛰게 하기 때문,

요점 없이 지리하기만 한
내 추억은 냉동 심장을 제조중인데
육십 나이의 그를 마주하는 동안
봄을 맞는 기분은 내가 느꼈다

가득한 길들

기억들에 기대 사는
늙은 여인을 두고 등을 보인다 황량한 논들만
이어져 있는 벌판, 이곳은 등을 숨길 곳이 없어 오래
여인에게 배웅을 받아야 한다 작아지는 여인
두 손 꼭 잡고 또 들르겠다는 한마디처럼
지평선에 맺혀 있다
허전한 나의 등은 걸음을 재촉하고, 여인에게서
돌아서는 길이란, 그녀의 삶처럼 지치도록 길다

    이런 길이 있었지 그녀의 몸에는
    내 움직임마다 불편하냐
    염려를 앞세우던
    그 등에는 길이 있었다 햇빛이
    은행나무 무성한 노란 잎과 포개어지던
    오후 내내, 오래된 라디오에서
    흘러나오는 소리에
    짧게 웃기도 하고 저런, 하며
    토를 달기도 했던
    그 입술에도 많은 길이 흘렀다
    햇살 없이도 투명하게 빛났던

푸른 여인의 살결 속에
어떤 뼈들이 버티어왔는지
만져보지 않아도 다 알 수 있었다
손 속의 가득한 길들이
얼굴의 길들을 부비며 하품을 할 때
모든 주름이 선명하게 반짝거렸지

가구가 없어 헛기침 소리도 울림이 크고,
서로의 숨소리만 맴돌던 그 방에서
여인이 다려준 옷을 입었다
그 한 몸이지만 체온 흘리며 살고 있다는
고지서가 한켠에 덩그러니 놓인 대문을
나섰다 흙먼지가 발끝부터 나를 덮어가는 길 위에서
그녀의 마당 가득한 은행나무들은
늙은 머리채를 흔들며 후드득후드득 숱을 턴다

1984년

 기름 얼룩에 절은 옷가지며 이불들 어머니는 개켰다 폈다만 하였다 풍경이 일그러진 가족사진을 장마 끝에다 널어놓았다 양지에 앉아서 동생은 젖어 못쓰게 된 일기장을 태웠다 잘 타지 못하는 젖은 생각들이 매운 연기를 피워올렸다 하얀 안개 내뿜으며 저편에서 소독차가 달려왔다 꽁무니에는 아이들이 우르르 따라가고 있었다 휘어지고 모서리가 터진 장롱처럼 나는 골목에 우두커니 세워져 있었다 소각되는 미래가 집집마다 연기로 피어오르는 것을 보고 있었다

 곰팡이 호흡을 했다
 아침도 어두웠다
 조그만 비에도 우리는 어지러웠다
 물의 발바닥이 밟고 다니는 낮은 위치를
 더 낮게 낮추기도 했다
 꿈들은 자꾸 누전되었다
 고래를 타고 먼 바다로 나가는 젖은 꿈을 꾸었다
 물이 빠진 자국은 뚜렷한 선을 남겼고
 우리는 해마다 마지막이어야 한다고 주문을 외며
 해마다 도배지를 발랐다

더 이상은 젖을 꿈이 없다고 말했다
그러나 무슨 힘일까,
벽지를 들고 곰팡이가 일어서는 지칠 줄 모르는 그것은

덜 굳은 길

며칠 동안의 야간 작업으로 몇 명의 인부들이
어렵게 닦아놓은 길을 쉽게 갑니다
예전의 길들은 갈 수 없는 길도 아닌 채
딴 길을 얹고서 밑으로 숨었습니다
새 길은 텅 비었고 지내온 시간도 비워냈습니다

슬픈 약솜이 환부를 닦을 때처럼
청아하고 싸늘한 이런 길이 내게도 있었습니다
지나쳐온 짧은 길들을 새 포장하고는
질서정연한 차선들 그려놓지 않은
덜 굳은 길이 내게도 있었습니다
아무렇게나 부는 바람처럼 쉽게 지나가버린
바퀴 자국도 남아 있습니다

새 길은 덜 굳었고 옛길은 없어지지 않았습니다
그런 길을 쉽게 갑니다

행복하여

허전하여 경망스러워진 청춘을
일회용 용기에 남은 짜장면처럼
대문 바깥에 내다놓고 돌아서니,
행복해서 눈물이 쏟아진다 행복하여
어쩔 줄을 모르던 골목길에선
껌을 뱉듯 나를 뱉고 돌아서다가,
철 지난 외투의 구멍 난 주머니에서 도르르르
떨어져 구르는 토큰 같은
옛사람도 만났다 오늘은
행복하여 밥이 먹고 싶어진다
인간은 정말 밥만으로 살 수 있다는 게
하도 감격스러워 밥그릇을 모시고 콸콸
눈물을 쏟는다

학살의 일부 6
─연애하다

피곤하다 털어놓고 싶었어
성냥으로 초에 불붙이던 당신이
힘들어, 먼저 말해버렸지
촛불의 끝을 만져보고 싶어
뭉뚝한 대로 예리한 대로 조용히
열 내고 있는 끝
중간도 촛불이기는 해
검지손가락 휙, 지나가도 뜨겁지 않은

당신도 사랑이겠군
나도 헤프고 싶어 헤퍼서 아프고 싶어
내가 얼음에 불을 붙여볼까
에스키모처럼 날고기를 먹어볼까

나는 쉽게 익어버렸어, 아니
쉽게 얼어버렸는지도 모르지
왜 가운데엔 파도가 없지
바다 한가운데도 사람이 살까

얼음에 불을 붙여야겠어, 목젖을 삼키면서

웃음 터트렸지
차라리 화를 내봐, 라고 당신이 관대하게
말하던 바로 직전에

나도 아프고 싶어
내가 내 고기로 배 채우면서 과식하고 싶어

달디단 꿈 2

늘 남의 새벽을 안아야 하는 것이냐
되도록 오늘을 넘기지 않으리라

묽은 홍차처럼 하늘이 밝아오는데 나는
은색의 쓰레기통으로
거리에 세워져 있다 어떤 손들도 반갑지 않다
모든 나날들은 너의 창문을 배고픈 짐승처럼
기웃거리게 했고
그럴 땐 꼭 누군가가 스쳐갔다

사나운 이빨을 안으로 감춘
야생 동물처럼 너의 삶이 그러하고
나의 생은 똑같은 아침을 맞이하고 있다
지겹지가 않다 쌩, 스치는 자동차에도 온 마음을 다해
흔들렸고 무심히 지나가는 발자국 소리까지도
집중하며 기다렸었다 이제는
네가 나를 스치러 올 때, 나는 그것을 안다

나는 꿈을 꾸고 있었다
우리 앙상한 두 다리를 위해

탐스런 사슴을 생포하는 꿈
붉은 피를 입가에 묻히는 최초의 포식을

거대한 소음으로 내 속을 비워내간 청소부들이
야광 조끼 안에 숨겨온 전언이 그러하였고,
이제는 다 비워 공명되는 나의 인생이 그러하리라

잠들 곳은 항상 정해져 있다
야생 동물들은 본능적으로 안다
우리도 이곳을 버리지 않으리라
살면서 알게 된 단 한 곳의 폐허
야생적인 우리의 고집들,

달디단 열대 열매를 가득 실은 트럭을 타고 달려와
너는 차분히 내 앞에 머무를 것이다

미지근한 식사

어둡고 음침한 터널을 용기 있게 관통해야
너를 만날 수 있었다 심야 영업을 하는
국밥집에서는 한번도 밥을 남긴 적 없는 것처럼
어둠 속에 갇혀진 나는 네가 꺼내놓은
밥상머리에 앉아 활기 있는 식사를 했다

배고픔을 느낀다는 것은 언제나 나에게
너 그래도 살아 있구나
하는 파란 신호등, 새벽의 공복은 그래서
참을 만한 것이었다

주춤거리며 멈칫하는 나에게
적당하게 신속하게 유효적절하게
직진 신호를 켜보이는 너를 나 언제쯤
당차게 내버릴 수 있는지
쩔쩔매던 간밤에는 비로 씻긴 새까만 아스팔트 위에서
그 반들거리는 거리에서 나약한 두 다리를
버티고 서 있었다

나에게 남은 것은 무엇인가

미지근한 너의 국에 숟가락을 담그며
더욱더 쓸쓸해지는 내가 이 밥을 다 먹을 때까지
너는 나의 허기진 식사를 그럴듯한 눈빛으로
구경하고 있다

낡은 혓바닥

아, 군데군데 벌건 버짐도 피어 있군요
몇 사람의 치아를 기억하는 것으로 마감할,
불결했던 생애를 회고하는 혀끝이
긴 잠을 잡니다 꿈도 찾아주지 않는 힘겨운 잠

몇 그램의 니코틴과 알코올 여과시키고
몇 사람의 애인을 꼬여내고
나를 꼬여내고
그러나 입 안에 갇혀
밑동부터 말라가는 舌根을 들여다봅니다
다시 다른 나를 꼬여내고
다시 다른 애인을 꼬여내는
서른을 향해 꿈틀대는
세 치도 못 되는
수명이 몹시 짧을 혓바닥이
나를 쳐다봅니다

나의 치아만이 겨우 익숙하다는
불쌍한 혀끝
되비춰주는 거울 앞에서

제 모습을 찾아가는 수천 킬로미터의 거짓말들!

몇 사람의 치아를 기억하는 낡은 혓바닥
이제는 하얗게 白雪이 내렸습니다

학살의 일부 8

너의 눈을 들여다보는 일은
나를 죄짓게 한다
지은 죄가 지을 죄를
책망한다
저주를 받아서, 입 안 가득 질긴
거미줄을 물고 있는 나로서는 정갈한 이 낯선 마음이
지나치게 부끄럽다
살아서 못다 한 선행을
지시하는 듯한 너의 눈 들여다보는 것만으로
나는 그만 포박당한다

밥을 먹는 너를 보았다 나는 살찐 김치를
씹을 때처럼 싱큼한 생각을 해냈다 더 큰 죄를
지으리라 더 크게 칼을 휘두르리라
더욱더 더럽혀지리라
유례없는 벌을 받으리라

벌건 빛을 뿜어내는 전기 난로. 손을 쬐고
있는 너의 등을 더 이상 연연하지 않으려면
나는 혼자서라도 갈 때까지 가야 한다

그곳이
까마득해서,
천사인 듯
싶은 너의 그 날개가
뚝뚝
분질러지는 소리
들리지 않아야 한다

학살의 일부 5
──내 생각들 어디를 잘라

얼음을 깨문다
그는 단숨에 앞에 놓인 잔을 비웠다
시선을 띄운 나는 정말 닫고 싶었다
책장에 장식된 브리태니커 백과사전
처럼 백 가지 항목의 욕망들에 먼지 앉혀
이국의 금색 활자 표지를 박아
책장에 꽂아놓고 싶었다, 장식품으로

무슨 말을 좀 하라고 그는 말한다
그렇게 많은 말을 했는데 또
할말이 있어야 하는 지금
무슨 생각을 하고 있어, 그는 자꾸만 묻지만
몇백 킬로미터 종횡무진 누비는
내 생각들 어디를 잘라 그에게
보일 수 있을까

언제나 쿵, 하며 치고 없어지는 짧은 토막의
그는 브리태니커 백과사전 같은
내 욕망들 중 어느 부분이 궁금하신가

벽

무당벌레 한 마리가 재떨이에 빠졌다
뒤집어져 다리를 허우적댄다
크고 듬직한 덩치 골라잡고 바로 일어서려 한다
커다란 담뱃재를 잡았다
다리 끝에 생존을 압축시키고 이내
반쯤 일어서고 있다
제 몸 몇 배의 부피지만 무게를 비운
담뱃재와 함께 다시 나자빠지고 만다
부피에 생사를 거는 어리석은 무게
등짝을 이용해 어떻게든
단단한 벽이나 닿아야
다시 날 수 있다
딱딱한 밀폐는 대개 문이 될 수 있다
열고 빠져나가는 문이 아니라
짚고 일어서는 문이다
견고한 끝에 가 닿으려면
멀고 멀었다 가볍게 보이지 않는
가벼운 재가 보일 뿐이다

학살의 일부 3

간호사의 드센 손놀림으로 주삿바늘 손등에 꽂히고
한 병 링거를 더 맞기 위해 살아가는 환자와
한 모금 담배 더 빨기 위해 복도를 서성이는
나는 다르지 않는 삶이다

항암제로 탈모증 앓는 한 청년과
결혼을 앞두고 가구를 고르는 내가
무엇이 다른지

안이 썩되 통증을 모르는 사람들은 병원 밖에서
밀물처럼 시내에 잦아들다
썰물처럼 집으로 밀려간다

인간이 죽음의 문턱에서 경건해진다는 것은
새빨간 거짓말이다
어렵던 사람들이
살 만하여 질 때는 죽을 때이므로

환자가 된 가족의 소변량을 체크할 때,
나의 삶은

그 소변 수위의 높고 낮음에 대해
전부를 거는 듯 비장해지니
세상은
힐난받을 가치도 없고
멱살 잡고 싸울 걸 적당한 상대도
아닌 듯하다

학살의 일부 2
──순교자

한때 과거의 집이 무거워
그 집을 버렸지만, 별장처럼 찾아가서
그는 머물다 오곤 한다
그 요새 안에는 별거별거가 다 있단다
트럼펫을 불고 있는 해골의 상반신
(하반신은 악기를 불 수 없어 그가 제거했다)
구릿빛 숲을 마차에 싣고 끌고 가는 산양
방바닥엔 애인들의 머리카락으로 만든 카펫
그러니까 그는
새 물건이 생길 때면
그 과거의 집에 들러 그것들을 장식해놓고 온다

그가 다니러 간 사이
지금 나와 살고 있는 이곳엔
과거 따윈 죽어도 갖고 싶지 않은 또 다른 그가
한 그릇 가득 밥을 먹어대고
한 갑을 뚝딱 담배 피워대고
하루종일 창가에만 붙어서서
그가 오기만을 기다리곤 한다
그는 상자 안에 거울을 붙이고

거울 안에 한 사람에 대한 고통이라든지
한 시대에 대한 추억을
담아놓았는데,
그걸 알아채는
사람들은 하나 없다

연 보

1967년
1974년
1980년
1983년
1986년
1990년

그리고, 마음 둘 데 없어 외로웠으므로 하늘을 나는 기구가 모래주머닐 떨어뜨리듯, 꾸던 꿈들을 떨어뜨리고서라도 높이높이 날아오르고 싶어했다. 그러나 나는 알게 되었다, 실하지 못한 날개로 파닥파닥 날아가 휘청대다 부딪치고 부딪치다 지쳐서 맴돌던 곳은 황색의 가등이었다는 것을. 가끔은 지독하게 사랑을 그리워했고 사랑의 냄새들을 못 견뎌내고 있었다는 것을. 지도상에 없는 섬처럼, 나뭇등걸 짙은 상처 골라 뿌리내리는 그 섬의 버섯처럼, 그늘과 이슬을 편애하는 것이 이 시대엔 얼마나 불가능한 시인가를 알게 되었다. 깊이 숨겨둔, 세계에 대한 내 마지막 자비를 빼내들곤 서른의 형제가 이 세상을 버리고 도망갔고, 편애하던 사랑이라든가 진실이라는 단어가 얼마나 찬란한 헛것인가를 실감했다. 그리하여 지금의 나는 존재하진 않아도 존재했었다는 신화를 새겨 읽으며 책장을 넘기고, 때묻은 손을 씻는다. 수도꼭지에서 흘러나오는, 다시는 그 물이 아닐 이토록 찬 물을 만진다.

詩 人

——불을 뿜는 화산은
지구가 얼마나 안정을 원하는가 입증한다.
지구가 꿈꾸는 완전한 안정이
사소한 인간에게는 얼마나
위협적인가도 동시에 입증한다.

거친 소나비가 오는 오후 한때는 비가 오고 있는 오후일 뿐
셔틀 버스에서 쏟아지는 여름성경학교 아이들은 아이들일 뿐
허수경이 허벅지에 솥을 끼고 밥을 먹어도
유하가 영혼에 구멍을 뚫고 색소폰을 불어도
송찬호가 병이 깊을 대로 깊어 약 없이 살 수 있어도
바위는 모르는 사이에 그저 모래가 되고
모래는 모르는 사이에 그저 바다소금이 된다

눈앞에 보이는 이 불안은
보이지 않아도 알아챌 수 있는 혼란은
최후의 안전 상태를 위한 들러리다
그래서 시인은 불안하고
그래서 시인의 언어는 화산을 가둔 감옥

담배를 끄듯 구둣발로 그 어떤 운명이 지지직
문질러주길 원하는 것이다

편 지

——하늘의 신 제우스도 지금 나를 에워싸는
이 망들을 풀어헤치진 못하리라. 나는 내가
전에 여러 사람이었던 것을 잊었다. 나는 계속
이 단조로운 돌담길, 나의 운명의 길을
증오로 걷고 있다. 직선으로 난 복도 끝에
세월의 끝에, 은밀한 원으로 휘어지는 길들. 나날의
타성이 균열을 낳은 난간들.
창백한 먼지 속에, 나는 내가 두려워하는
얼굴들을 알아냈다. 대기는 내게
오목거울의 하오에 한 짐승의 포효를 가져왔다, 포효라기보다
절망에 찬 하나의 포효의 메아리.
나는 이 어둠 속에 어떤 다른 큰 사람이 있음을 안다. 그 사람의
목표는 이 운명의 신을 짜고 풀고 하는
이들 긴 고독들을 지치게 하는 일.
마침내 안타까이 내 피를 빨고, 내 죽음을 삼키는 일.

우리 둘은 서로가 서로를 찾고 있다. 차라리 이것이
우리 기다림의 마지막 날이 되기를.
　　　　　　　　　——보르헤스, 「이 미궁」

무중력의 우주를 떠돌고 있는 나라는 육신은 지금 수억의 잔해들로 분해되어 있다. 너라는 존재가, 그 어떤 한 힘이 고맙게도 나를 흡입해주고 있지만, 이 끈질긴 힘이 나는 어지럽고 무섭다.

 박물관에 가는 걸 병적으로 좋아했던 시절이 있었다. 지금도 유년의 나는 古都의 한쪽 외곽에서 반대쪽 외곽으로, 자전거에 얹혀, 그때의 그 박물관에 가보곤 한다. 비포장도로를 힘차게 달리면, 이미 지나온 길들을 뽀얀 먼지로 메우는 내가 있고, 굵직한 돌부리에 걸려 넘어지는 내가 있다. 무르팍에서부터 흐르는 선홍색 피는 정강이를 타고 내려가고 흰 양말을 적시고, 황톳길에 방울방울 떨어지고…… 첨성대를 지나, 계림을 지나 안압지를 지나치면 그곳에 박물관이 있었다. 그곳엔 강화유리 안에 갇힌 오래된 사물들에게 온몸의 감각과 신경들을 빼앗겨 석고처럼 딱딱하게 서 있는 무수한 내가 있다. 어리디어린 내가 폐가 아릴 정도로 힘차게 자전거 페달을 밟고, 넘어져 피가 범벅이 되면서까지 찾아가서 얻으려 했던 것은 그 사물들에 대한 것이 아니고, 그 사물들 앞에서만이 얻을 수 있었던 그 온몸의 긴장감, 그 신체적 반응이었던 거 같다. 알 수 없는 막무가내의 운동들, 귀와 눈의 현기증, 그 오래된 사물들의 수다스러움에 어리디어린 나는 숨이 막힐 것도 같고, 귀를 찢어버리고 싶기도 하고, 뭐 그런 이상한 반응을 하며 거기에 그렇게 서 있는 거다.

상상으로 그렸던 너의 공간이 내겐 그러하다. 너의 살뜰했던 누군가의 피가 짙은 색으로 변해 딱딱하게 굳어 묻어 있을 것만 같은 노트가, 누군가의 한숨 가득한 글들이, 누군가의 정액과 타액이 묻어 있을 휴지 조각이, 누군가의 손때와 애절함에 모서리가 닳고 해진 왼갖 사물들이, 전리품처럼 너의 공간에 있을 것만 같아서 그곳이 무섭다. 거기가 가장 편안한 공간일 너가 정말이지 무섭다.

나는 애타게, 간절히, 소원을 빌어본다. 너의 공간이 내 상상과 아주 다르게 건조하기를, 아니, 나를 초대하겠다는 너의 그 집요한 욕심이 아예 증발되기를, 세상 어디에도 나는 초대받지 않기를, 세상 어디에도 내 이름이 남지 않게 되기를, 세상 만사가, 만물이, 삶이든, 삶 아닌 것이든, 고통이며 욕망이며 사랑이며, 갖은 사무치는 것들로부터 너무 가깝지 않아서, 가볍게 지나쳐가기를, 나의 인생이. 그리고 너의 인생이.

〈해 설〉

빈 중심, 정처 없는 바깥의 풍경

김 진 수

　김소연의 시들은 '안'으로 상정되는 어떤 중심의 '바깥'에 서 있는 한 주변 존재자의 고독과 절망과 소외의 의식을 보여준다. 자의식에 가까운 시인의 이러한 감정들이 서로 융합·상승되면서 이 첫 시집은 전체적으로 어떤 허무의 냄새를 불러일으킨다. 그러나, 이 시집에서 그러한 정조는 개인 심리학적 차원에만 머물러 있는 것이 아니라 실존론적 지평 위에서 사회적인 의미 차원을 획득하고 있다는 점이 중요하다. 말하자면, 이 고독과 절망과 소외감은 심리학적으로 해석되어서는 안 되며 또 일시적인 허탈감이나 냉소주의와 혼동되어서도 안 된다는 것이다. 시인의 허무 의식의 뿌리는 어떻게 해서도 주변부를 벗어날 수 없다는 존재자로서의 자기 한계에 대한 인식과, 또 안과 바깥은, '너'와 '나'는 영원히 만날 수 없다는 근원적인 세계 인식에서 발원한다. 여기에서 세계란 어떤 추상적인 보편 개념이 아니라 시인이 현재 몸담고 있는 하나의 구체적인 상황으로 이해되어야만 한다. 그러할 때에야 이 시집이 지니고 있는 사회적인 의미망들은 온전히 해석될 수가 있다. 다시 말하자면, 김소연의 고독과 소외의 의식은 실존론적 차원의 감정 형식으로서 구체적인 사회적 맥락 속에 위치하고 있는 것이다.

이 고독과 소외의 의식은 언제나 타자와의 참된 소통과 세계와의 동화의 꿈을 불러온다. 거기에서 시인의 동경이 발생한다. 그렇다면 이 동경은 현재의 자기 자신이 아닌 세계의 중심에 동화된 그 어떤 자신을 향한 존재 전이의 꿈일 것이다. 이 시집에서 거의가 '중간 정렬'로 배치된 시적 형태상의 구조는 아마도 그러한 바깥에 선 자의 중심에 대한 동경을 드러내고 있는지도 모른다. 그러나, 거기에 이르려는 꿈과 동경이야말로 바로 중심의 바깥으로 던져진 존재자의 한계를 역설적으로 드러내는 알리바이에 지나지 않는다. 왜냐하면 실존론적 차원에서 보자면, 그 동경과 꿈의 날개는 중심을 벗어난 자의 절망과 허무의 의식을 오히려 부채질한다고 말할 수가 있기 때문이다. "저 새의 날개는 날기 위한 용도가 아니다"(p. 42). 그것은 오로지 고통스러운 현재의 무덤 같은 상황을 강조하기 위한 수사학적 장치였던 셈이다.

김소연의 시적 어조는 완강하고도 고집스러운 힘을 지니고 있지만, 사실상 그 힘은 어떤 결핍감에서 나온 역설적인 힘이다. 보다 정확히 말하자면, 시인의 고독과 절망과 소외라는 결핍감이 그 힘의 내용을 이루고 있는 것이다. 물론 이 결핍감은 시집에서 '바깥'이라는 위상학적 어사나 '식욕'이라는 존재론적 욕구와 밀접한 관련을 맺고 있다. 바깥(밖)이나 변두리 또는 외곽, '비껴서다' 등의 주변 범주를 지칭하는 단어들은 이 시집의 핵심적인 이미지를 이루고 있으며, 또 허기와 공복과 목마름 등의 식욕과 연관된 술어들도 중요한 상징으로 자리하고 있는 것이다. 아마도 이 시집에서 "먹는다, 라는 관성"(p. 70)으로서의 식욕이란 중심에서 비껴서 있는 주변 존재자의 결핍감에서 발아된 욕구의 인유일지도 모른다. 따라서 미각은 이 시집에서 가장 두드러진 감각으로 등장하는 것이다.

그러나, 이 존재론적 결핍감으로서의 식욕은 언제나 충족되지 못한다. 설령 외형적으로는 충족되는 경우가 있다 하더라도, 그것은 이내 '소화 불량'을 일으키거나 체함을 동반하기 때문이다. "끊임없는 식욕처럼 끊임없는/소화 불량"(p. 74)이야말로 김소연의 시세계를 이해하는 핵심적인 고리이다. 그것은 한 존재자가 그의 세계와 맺고 있는 실존적 모순과 부조리를 표상한다고 말할 수 있다. 이러한 부조리에 대항하는 시인의 무기는 매우 흥미로워 보이는데, 그것은 바로 '거식증'이라는 무기이다. "오늘은/행복하여 밥이 먹고 싶어진다"(p. 89)는 진술에서 우리는 이 거식증의 징후를 발견할 수 있다. 밥을 먹으면 행복해지는 것이 아니라, 행복하기 때문에 밥을 먹는다는 이 전도의 의미는 거식증을 전제하지 않으면 이해될 수 없다. 식욕과 소화 불량과 거식증으로 이

어지는 이 일련의 도정은 실존의 부조리에 대한 하나의 상징이 된다. 그리고, 이 극단적인 부조리야말로 시인이 존경을 바치고 있는 카프카가 『굶는 광대』에서 보여주고자 했던 모순에 찬 근대의 모습이었던 것이다. 저 광대는 굶는 기술을 익혔기 때문이 아니라, 입맛에 맞는 음식이 없기 때문에 굶고 있었던 것이다. 이러한 부조리는 이 시집에서 대위법적 구도 속에 있는 '너'와 '나'의 관계를 통하여 구체적으로 형상화된다. 그 둘은 안과 밖, 삶과 죽음, 식욕과 거식증, '달다'와 '썩다'의 연쇄 속에 자리하고 있다.

  김소연의 시들은 우선 저 바깥의 풍경에 초점을 맞추고 있다. 그러나 그 바깥에서 안으로 들어가는 모든 길은 끊어져 있다. 중심은 나름대로 완벽하게 폐쇄되어 있어 거기에 이르는 어떠한 통로도 발견되지 않는다. 물론 그 중심에서 바깥으로 나오는 방도도 없다. 그렇기에 이 시집에서는 안의 풍경을 내비쳐주는 어떠한 단서도 발견되지 않는다. 왜냐하면 그곳은 시인에게 있어 '알 수 없는 그 무엇'으로 남아 있기 때문이다. 그렇다면 이제 시인에게 남아 있는 길은 그 주변 풍경이나마 온전히 그려내고 노래하는 일일 것이다. 그것은 끊어진 길 위에서 부르는 노래이기에 적조한 울림을 갖고 있다.

    세상에 대해 나는 당신들의 바깥에 있다.
      개천가를 둘러싼
    황색의 개나리들처럼. 또한 헐렁한 반지처럼

에워싸며. 살찌지 말거라, 중심이여.

오늘도 나는 외곽을 맴돌며
적적하였다. 楚歌도 흥얼거렸으므로.
당신들에게
들리지 않도록 아주 작게 불렀다.
　　　　　　—「1995년, 개인적인 봄」 부분

  시인은, 자신을 포함하여, 저 바깥의 존재들이 "해초처럼 파도에 밀려 해안에 버려졌다"(p. 24)고 말한다. 그렇다고 이 버려진 주변 존재들이 이루는 풍경이 마냥 삭막하기만 한 것은 아니다. 저 '해안'에서도 각각의 존재들은 제 나름의 삶을 영위하고 있는 것이다. 시인은 인용한 시의 후반부에서 "저 혼자／황폐한 이 대지에 여린 주먹을 짚고 힘껏／제 무릎을 편다. 각자가 그렇게／편 것이다. 무더기무더기"(p. 13)라고 노래한다. 이 메시지가 함축하고 있는 바는 의미심장하다. 그러니, 저 주변 존재들도 나름의 중심을 갖고 있다는 뜻이리라. 그렇다. 저 '바깥' 역시도 또 다른 어떤 중심에 의해 구속된 하나의 '안'이었던 것이다. 아래의 시에서 우리는 그러한 사실을 확인하게 된다. 저 햇볕의 '바깥'이 사실은 그늘의 '안'이었음을, 그리고 그 바깥의 안이야말로 다시 주변 존재들을 가두는 하나의 울타리였음을 말이다.

  노오란 양지는 노파를 점점 비켜간다
  노파는 그저 햇볕 안에 가만히 앉아 있었는데

> 햇볕이 얼굴의 반을 부시게 하더니
> 점점 비껴서
> 이제는 그늘 안에 노파를 가둔다
> ──「학살의 일부 10」 부분

그러므로 시인의 동경은 이중적인 의미를 지니게 된다. 즉 그것은 애초의 중심에 도달하려는 노력과 현재의 '안'에서 벗어나려는 노력이 겹쳐져 있는 것이라고 할 수 있다. 이 이중적 동경의 구체적인 형식은 이 시집에서 사랑이다. 바깥에 서 있는 자로서의 시인이 "사랑에 대해서만큼은 아직 당신들 안쪽에/있기로 했다"(p. 13)고 적을 때, 이 사랑은 애초의 중심과 관련되어 있다. 그러나 "그대가 가진 그 손이 행여 밀림 속 적막한 내 나라의 철문을 내릴 수 있다면, 종려나무 무성한 그늘에 다다르십시오"(p. 23)라고 노래할 때의 사랑은 현재의 고통스러운 '안'에서 벗어나려는 동경과 연관된다. 그러나 이 모든 것들이 타자와의 진정한 소통과 세계와의 동화를 향한 꿈임에는 차이가 없다. 이 시집에서 사실상 '잠'이야말로 저 '꿈'이 수행되는 유일한 통로이다. "수면을 취하는 동안만/나는 외롭다는 말을 하지 않았다"(p. 14)거나 "내 삶의 목적은 천년 동안 잠을 자는 것"(p. 51)이라는 진술은 바로 그러한 사정을 말해주고 있는 것이다.

> 내 소원은
> 차례차례 사랑이었던 것들과 한꺼번에

달디단 혼숙을 하는 것

〔·········〕

내 소원은 그러니까
차례차례 사랑이었던 것들과 함께
깔끔한 아침을 먹는 것
　　　　　　——「달디단 꿈 1」 부분

　시인은 이렇게 '달디단' 잠과 '깔끔한' 아침 식사를 꿈꾼다. 그러나 중심을 벗어난 저 바깥 세계의 안쪽에서는 "저녁은 오지 않을 것이고/와도 소용없"(p. 59)음을 시인은 알고 있다. 왜냐하면 그 세계에서는 잠과 꿈은 언제나 어긋나기 때문이다. "꿈이 아닌 곳에 팔아먹은 잠"(p. 70)이나 "꿈들은 자꾸 누전되었다"(p. 86)라는 구절, 또는 "꿈도 찾아주지 않는 힘겨운 잠"(p. 96)이라는 구절은 잠이 꿈과 결합되지 않는 균열의 상태를 말해주고 있다. 그리하여 그것은 '헛된' '썩은' 잠이 된다. 당연히 그렇게 누전되는 꿈이 사랑을 완성시킬 수는 없는 법이다. 이러한 꿈마저도 단절될 수밖에 없는 세월은 이 시집에서 「음력 제13월」이라는 상징을 얻게 된다. 그것은 일상의 시간대로부터 밀려나 달력에는 없는, "태양에 비껴서" 있는 달이며 중심의 시간들이 감당하지 못한 잉여로서 존재하는 계절이다. 따라서 시인이 "아무도 우리를 그 어떤 절기 속으로/포함시키지 못할 것"(p. 43)이라고 노래할 때, 그것은 이 현실에 대한 절망적인 참언으로 들린다. 그 노래는 저 '달디단' 부패의 고름으로 가득 찬 세기말의 세상, 끊임없는 식욕에도 불구하고 언제나 소화 불량에 걸리는 세상에 대한 조사이다. 그 세상은 '끝물'의 세상이다.

> 끝물은
> 반은 버려야 돼.
> 끝물은 썩었어. 싱싱하지 않아.
>
> 우리도 끝물이다.
>
> 서로가 서로의 치부를 헛짚고
> 세계의 성감대를 헛짚은.
> 내리 빗나가던 선택들. 말하자면
> 기다림으로 독이 남는 자세.
> 시효를 넘긴 고독. 일종의 모독.
> 기다려온 우리는 치사량의 관성이 있을 뿐.
> 부패 직전의 끝물이다.
>
> 제철이 아니야.
> 하지만 끝물은
> 아주
> 달아.
> ——「끝물 과일 사려」 전문

이 시집에 자주 등장하는 '달다'라는 미각적 술어는

이처럼 부정적인 의미를 띠고 있다. 그것은 '썩음'에서 나오는 부패와 퇴폐의 징후를 드러내는 어사인 것이다. 그래서 이 '달다'는 시집에서 흔히 '고름'과 연관된다. 그것은 "안이 썩되 통증을 모르는"(p. 102) 것들에서 흘러나온 고름이다. 따라서, 시인은 "완벽한 아사만이 유일한 대체 식량이 될 때까지"(p. 71) 저 카프카의 인물처럼 일체의 음식을 거부하는 것이다. 거식증으로 상징되는 이 도저한 실존적 허무 의식이 김소연의 시들에서는 역으로 어떤 폭발적인 힘을 낳는다. 그 힘은, 삶이 "너를 아사시켜 죽이겠다"고 말할 때, "오냐, 그렇다면 나는 그 아사를 나의 식량으로 하겠다"는 극단에 선 자의 오기에서 나오는 힘이다. "내가 내 고기로 배 채우면서 과식하고 싶"(p. 91)다는, "갈 때까지 가야 한다"(p. 9)는 저 극단적인 오기야말로 이 시집을 긴장으로 떨게 한다. 시인이 시집의 제목을 '극에 달하다'라고 명명한 데에는 그만한 이유가 있었던 것이다.

그러나 이 '극'은 종말에 있는 극단이 아니다. 왜냐하면 부조리한 세계는 이 극단을 다시 시초로 되돌려놓기 때문이다. 그리고, 그 시초와 종말 사이의 과정은 오로지 이 극단을 되돌려놓기 위해서만 존재하는 의미없고 '지루한' 반복에 불과하다. "마지막이라 믿었던 시작들, 전부가 중간 없는 시작과 마지막의 고리 같았다"(p. 11)는 표현은 바로 그러한 사정을 단적으로 드러내고 있는 것이다. 시인은 저 식욕과 거식증이 순환 고리를 이루는 부조리한 현재를 "나는 견딤의 힘으로/견디며 살아왔네"(p. 35)라고 고백한다. 그러나, 이 견딤은 무엇을 위한 견딤인가? 아마도 우리는 이 '굶는 광대'에게 저 그리스의 신화에 등장하는 '시지푸스'를 겹쳐놓아야 할지도 모른다.

이 부조리한 '음력 제13월'의 현실 속에서 자아와 타자는, 시인과 세계는 영원히 합치되지 못한다. 이 시집에 등장하는 '너'와 '나'의 만남은 끊임없이 유예될 수밖에 없다. 시인은 "절던 우리의 다리는/서로 방향이 달랐"(p. 57)다고 말한다. 여기에는 이중의 결핍이 존재한다. 각자가 절고 있다는 결핍이 그 하나라면, 그러한 결핍을 보완하려는 결합조차도 사실은 방향이 달라서 합치되지 않는다는 결핍이 또 다른 하나이다. 안과 밖의 합치, 나와 너의 결합, 중심과 주변의 조화는 그렇게 불가능한 것으로 상정된다. 왜냐하면 그것들 모두는 사실상 허상에 지나지 않았기 때문이다. 저 '음력 제13월'이라는 절기가 달력표에 없는 것처럼.

> 우리가 그토록 초조하게 찾으려던 것은 무엇이었을까
> 너의 것인 줄 알고 받아들인
> 수많은 헛것들
> 두 눈 똑바로 뜬 채, 앞에 앉은 너에게
> 너를 빌려주어서 고마웠노라고 말한다
> 영사기에서 새어나온 우리는 허상이었다 말한다
> ─「나는 새로운가」 부분

시인이 꿈꾸었던 그 모든 것이 사실은 허상이었다고 위의 시는 말하고 있다. 그러한 허상은 시인에게 있어서

이 삶의 보편적인 존재 방식이다. "자기 자신을 웨이터라 착각한 웨이터가/테이블을 치워주고 애인이라 착각한 당신은/커피를 주문한다"(p. 72)라는 구절처럼 모든 주변 존재자들은 그러한 허상을 자신으로 살고 있는 것이다. 그러므로 이 허상이야말로 삶의 덫이다. 주변 존재자들 모두는 그 덫을 집으로 오해하고 거주해왔던 것이다. 시인이 "네가 쳐놓은 덫들만 집이라 한다"(p. 77)고 했을 때, 그 집이란 사실 허상의 올가미에 지나지 않았던 것이다. 그렇게 허상으로서의 너와 나는 진정한 소통에 이르지 못하고 오직 치명적인 '상처'만을 서로에게 남길 뿐이다. 물론 시인은 이 상처뿐인 세월마저도 견뎌내려고 할 것이다. 그러나, 부조리한 세계 속에서는 그 어떤 꿈과 행위도 부질없다는 사실을 다음의 시는 압축적으로 보여주고 있다.

무당벌레 한 마리가 재떨이에 빠졌다
뒤집어져 다리를 허우적댄다
크고 듬직한 덩치 골라잡고 바로 일어서려 한다
커다란 담뱃재를 잡았다
다리 끝에 생존을 압축시키고 이내
반쯤 일어서고 있다
제 몸 몇 배의 부피지만 무게를 비운
담뱃재와 함께 다시 나자빠지고 만다
부피에 생사를 거는 어리석은 무게
등짝을 이용해 어떻게든
단단한 벽이나 닿아야

> 다시 날 수 있다
> 딱딱한 밀폐는 대개 문이 될 수 있다
> 열고 빠져나가는 문이 아니라
> 짚고 일어서는 문이다
> 견고한 끝에 가 닿으려면
> 멀고 멀었다 가볍게 보이지 않는
> 가벼운 재가 보일 뿐이다
> ──「벽」전문

시인의 이러한 허무주의는 "내 몫의 허공, 내 앞의 헛것, 내 안의／무용지물"(p. 39)이라는 표현으로 등장한다. 이 허무주의에서, 가령 "멀리 가거라 머뭇거리지 마라／뒤도 돌아보지 마라 씹새끼"(p. 45) 같은, '너'를 향한 역설적인 언설이 나온다. 그러나 저 길은, 저 '견고한 끝'은 과연 있는 것일까? 시인은 아마도 없다고 말할 것이다. 그 길 역시도 "길이 아닌 길"(p. 54)이기 때문이다. 삶의 모든 길은 끊어져 있다. 앞으로도 뒤로도. "새 길은 텅 비었고 지내온 시간도 비워"(p. 88)진 길이란 그렇게 공허한 이 불모의 삶을 지시한다. 「연보」라는 시에서 시인이 과거의 시간대를 공란으로 비워놓은 것은 바로 저 '비워진 시간'을 의미하는 것이리라. 이 텅 빈 불모의 시간으로서의 '음력 제13월'은 저 무균의 '소금밭'으로도 변주된다. "저기 눈부시게 하얀 소금밭은 썩지 않고 있습니다／썩지도 않지만, 어떤 생명도 자라지 않습니다"(p. 55)라고. 그러하기에 시인은 이제 "더 이상 꿈꿀 사랑이 없다"(p. 33)고 단언하는 것이다.

그러나, 이 치열한 젊은 시인이 저 사랑의 꿈을 포기할 수 있을까? 종국엔 타자나 세계와의 진정한 소통과 동화가 불가능할지는 모르지만, 그렇다고 그러한 노력과 꿈 자체를 무화시킬 이유는 없을 것이다. 물론 그 지난한 노력의 과정에서 시인은 더욱 커다란 고통을 앓고 상처를 덧나게 할지도 모른다. 그러나 그 고통은 치를 만한 가치가 있는 고통이 아닐까? 그런 의미에서, 우리는 시인의 저 '견딤'이 사랑을 향한 적극적인 '노력'으로 웅숭깊어지기를 기대한다. 이 정당한 기대는 시인의 치열한 젊은 힘에 대한 우리의 신뢰에서 나온다. 저 도저한 폭발적인 힘이야말로 바로 시인의 자기 갱신의 동력으로 작용할 것이기 때문이다.